# BEI GRIN MACHT SICH IHR WISSEN BEZAHLT

- Wir veröffentlichen Ihre Hausarbeit, Bachelor- und Masterarbeit
- Ihr eigenes eBook und Buch - weltweit in allen wichtigen Shops
- Verdienen Sie an jedem Verkauf

Jetzt bei www.GRIN.com hochladen und kostenlos publizieren

Kristin Kunert

# Bericht über die Durchführung meines Sozialpraktikums an einem Förderzentrum mit Schwerpunkt geistige Entwicklung

GRIN Verlag

**Bibliografische Information der Deutschen Nationalbibliothek:**

Die Deutsche Bibliothek verzeichnet diese Publikation in der Deutschen Nationalbibliografie; detaillierte bibliografische Daten sind im Internet über http://dnb.d-nb.de/ abrufbar.

Dieses Werk sowie alle darin enthaltenen einzelnen Beiträge und Abbildungen sind urheberrechtlich geschützt. Jede Verwertung, die nicht ausdrücklich vom Urheberrechtsschutz zugelassen ist, bedarf der vorherigen Zustimmung des Verlages. Das gilt insbesondere für Vervielfältigungen, Bearbeitungen, Übersetzungen, Mikroverfilmungen, Auswertungen durch Datenbanken und für die Einspeicherung und Verarbeitung in elektronische Systeme. Alle Rechte, auch die des auszugsweisen Nachdrucks, der fotomechanischen Wiedergabe (einschließlich Mikrokopie) sowie der Auswertung durch Datenbanken oder ähnliche Einrichtungen, vorbehalten.

**Impressum:**

Copyright © 2010 GRIN Verlag GmbH
Druck und Bindung: Books on Demand GmbH, Norderstedt Germany
ISBN: 978-3-656-27307-3

**Dieses Buch bei GRIN:**

http://www.grin.com/de/e-book/181190/bericht-ueber-die-durchfuehrung-meines-sozialpraktikums-an-einem-foerderzentrum

**GRIN - Your knowledge has value**

Der GRIN Verlag publiziert seit 1998 wissenschaftliche Arbeiten von Studenten, Hochschullehrern und anderen Akademikern als eBook und gedrucktes Buch. Die Verlagswebsite www.grin.com ist die ideale Plattform zur Veröffentlichung von Hausarbeiten, Abschlussarbeiten, wissenschaftlichen Aufsätzen, Dissertationen und Fachbüchern.

**Besuchen Sie uns im Internet:**

http://www.grin.com/

http://www.facebook.com/grincom

http://www.twitter.com/grin_com

Universität Rostock
18051 Rostock

Bericht über die Durchführung meines

# Sozialpraktikums

an der
**Musterschule**

**Förderzentrum**
Förderschwerpunkt geistige Entwicklung
Musterstraße 8
12345 Musterstadt

# Inhaltsverzeichnis

**1 Einleitung** ..................................................................................................... 3

**2 Vorstellung der Einrichtung** ........................................................................ 4

    2.1 Die Schulvorbereitende Einrichtung ..................................................... 5

    2.2 Die Hauptschulstufe .............................................................................. 5

    2.3 Die Berufsschulstufe ............................................................................. 6

    2.4 Pädagogische Zielsetzung und Leistungsangebot der Einrichtung ........ 7

**3 Beobachtungen, eigenes Handeln und Reflexion** ..................................... 8

    3.1 Vorstellung ausgewählter Schüler ........................................................ 9

    3.2 Situationen und Reflexion .................................................................... 11

**4 Schlussbemerkung** ..................................................................................... 15

**5 Literaturverzeichnis** .................................................................................... 17

# 1 Einleitung

In der Zeit vom 09.03. bis 03.04.2009 habe ich mein Sozialpraktikum an der ‚Musterschule-1' in Musterstadt-1 und der ‚Musterschule-2' in Musterstadt-2 absolviert. Ziel des Praktikums war es, Struktur, Abläufe und die Arbeit in einer sozialen Einrichtung kennenzulernen sowie erste eigene Erfahrungen in der pädagogischen Praxis zu sammeln. Dementsprechend wurde ich mit unterschiedlichen Situationen konfrontiert, um meine pädagogische Handlungsfähigkeit unter Beweis stellen zu können. Helfend und betreuend stand ich denjenigen zur Seite, die Hilfe benötigten. Verantwortung für andere zu übernehmen, Förderung der sozialen Sensibilisierung und gelebte Mitmenschlichkeit zu praktizieren sind in diesem Zusammenhang wohl die bedeutendsten Aspekte, die im Rahmen des Praktikums zum Tragen kommen sollten.

Beide Ganztagseinrichtungen weisen in den Grundzügen die gleiche Struktur auf. Prägnantester Unterschied ist die Fachrichtung, die der Förderung zugrunde liegt. Währenddessen die ‚Musterschule-1' sprachheilpädagogisch ausgerichtet ist, findet man bei der ‚Musterschule-2' ausschließlich Kinder und Jugendliche mit einer geistigen Behinderung. Aufgrund des hohen Praktikantenaufkommens in Musterstadt-2 und Umgebung konnte ich mein Sozialpraktikum leider nur zwei Wochen in der ‚Musterschule-2' absolvieren. Da ich dort aber häufiger in den Tagesablauf mit einbezogen wurde und folglich mein pädagogisches Handeln mehr Anwendung finden konnte, möchte ich bei den nachfolgenden Ausführungen die verschiedenen Erfahrungen, die ich in der ‚Musterschule-2' sammeln durfte in den Fokus nehmen.

Beginnen möchte ich im vorliegenden Praktikumsbericht mit der Vorstellung der gesamten Einrichtung, bevor im Anschluss daran die Darstellung meiner dort getätigten Beobachtungen sowie die Reflexion meines eigenen pädagogischen Handelns erfolgt. Gesammelte Eindrücke, gemachte Erfahrungen und gewonnene Erkenntnisse sollen schließlich zum Schluss noch einmal zusammenfassend erläutert werden.

Aus Vereinfachungsgründen wird im vorliegenden Praktikumsbericht nur die männliche Form verwendet.

## 2 Vorstellung der Einrichtung

Träger des Förderzentrums mit dem Förderschwerpunkt geistige Entwicklung ist der Musterverein e.V. in Musterstadt, deren Ziel es ist, Menschen mit einer geistigen, körperlichen und / oder seelischen Behinderung in allen Lebensphasen so zu unterstützen, dass ihnen ein weitgehend selbstständiges und selbstbestimmtes Leben ermöglicht wird, um dem Hauptanliegen des Verein, „das Wohl (...) behinderter Menschen und Ihrer Familien" (http://www.lebenshilfe-berlin.de/fileadmin/ user_upload/Downloads/04_Angebote_Bildung/Allgemein/Lebenshilfe_Grundsatzprogr amm.pdf) Rechnung zu tragen.

Die Musterschule-2 selbst umfasst eine Schulvorbereitende Einrichtung, eine Grundschulstufe mit den Klassen 1-4, eine Hauptschulstufe mit den Klassen 5-9 sowie eine Berufsschulstufe mit den Klassen 10-12. Aufgeteilt in 22 Gruppen beziehungsweise Klassen besuchen derzeit über 200 Schüler im Alter von 3 bis höchstens 21 Jahren diese integrierte Tagesstätte, für deren Leitung Herr Mustermann verantwortlich ist. Für die Betreuung der Schüler (in der Regel von 8.00 Uhr bis 16.00 Uhr) stehen Mitarbeiter unterschiedlichster Berufsgruppen zur Verfügung. Neben Sonderschullehrern, Heilerziehern und Betreuern findet man beispielsweise auch Beschäftigte aus den Bereichen Ergo-, Physio-, Logo- und Motopädie. Darüber hinaus wird auf eine enge Zusammenarbeit mit Ärzten aller Fachrichtungen besonderer Wert gelegt.

Im Nachfolgenden werden nun ausgewählte Einrichtungen der Tagesstätte näher dargestellt.

## 2.1 Die Schulvorbereitende Einrichtung

Kinder ab drei Jahren mit einem ausgewiesenen Förderbedarf im Bereich geistige Entwicklung werden in eine der vier altersgemischten Gruppen der SVE aufgenommen. Um auf die jeweiligen Bedürfnisse und Erfordernisse jedes Einzelnen optimal eingehen zu können, besteht jede Gruppe aus maximal acht Kindern, die in der Regel von zwei Mitarbeitern betreut werden. Wie lange ein Kind in der SVE bleibt, hängt stark von seiner individuellen Entwicklungsmöglichkeit ab. Die Betreuung erfolgt jedoch längstens bis zur Einschulung. Gefördert werden die Kinder in unterschiedlichen Bereichen. Neben der Förderung von Kommunikation und Sprache sowie Wahrnehmung und Bewegung spielen unter anderem auch der Aufbau von Spielverhalten, die künstlerische Erziehung und die Selbstversorgung eine entscheidende Rolle. Natürlich ist dies nur eine kleine Auswahl der vielfältigen förderungsfähigen Bereiche, die in dieser Einrichtung zum Tragen kommen. Unter Anwendung unterschiedlicher Methoden ist der Tagesablauf in der Schulvorbereitenden Einrichtung geprägt von einem Wechsel zwischen Freizeitspielen, Gruppenunterweisung und der individuellen Arbeit des Mitarbeiters mit dem einzelnen Kind.

## 2.2 Die Hauptschulstufe

In der Hauptschulstufe, die die Klassen 5 bis 9 umfasst, können sich die Schüler entscheiden, ob sie an der Schule bleiben wollen oder eine Außenklasse besuchen möchten. Der Übergang von der Grundschulstufe zur Hauptschulstufe wird häufig begleitet von einer Veränderung der Klassenzusammensetzung sowie von einem Wechsel der zuständigen Lehrer. Die neue Situation soll jedem Schüler eine Weiterentwicklung seiner selbst aber auch der Gruppe ermöglichen. Daraus abgeleitet ergibt sich schließlich das Leitziel der pädagogischen Arbeit in dieser Stufe: Die Schüler sollen mit Hilfe verschiedener inhaltlicher Angebote und Methoden langsam an die Themen Selbstständigkeit, Selbstbestimmung und Eigenverantwortung herangeführt werden. Für die erfolgreiche Umsetzung dieses Zieles werden die Schüler in weitestgehend homogene Leistungsgruppen eingeteilt. Diese äußere

Differenzierung in unterschiedliche Gruppen weg vom konventionellen Klassenunterricht soll dazu beitragen, dass jeder entsprechend seinem Niveau und angepasst an sein individuelles Tempo arbeiten kann. Schnellere Fortschritte im Lernen und in der persönlichen Weiterentwicklung des Einzelnen stellen letztlich die positiven Aspekte dar, die sich hieraus ergeben können. Die Kulturtechniken Deutsch und Mathematik werden in der Hauptschulstufe als besonders wichtig erachtet und daher je zweimal die Woche unterrichtet. Zusätzlich erhalten Schüler mit hohem Förderbedarf an vier Wochenstunden Angebote aus dem basalen, kreativ-künstlerischen Bereich oder aus dem Gebiet der Selbstversorgung. Für die Gestaltung der Freizeit können die Schüler aus einem Pool vielfältiger Angebote wählen. Sport, Entspannung und Handwerk sind nur einige Bereiche, die den Schülern am Nachmittag zur Verfügung stehen. So gibt es unter anderem Sport-, Computer- als auch Theaterkurse an denen sich die Schüler je nach Interesse beteiligen können.

## *2.3 Die Berufsschulstufe*

Diese Stufe dient primär der Vorbereitung auf die bevorstehende Berufs- und Arbeitswelt. Zunächst sollen die Schüler unterschiedliche Berufsfelder kennenlernen, um eine erste Orientierung zu erhalten. Eine Vielzahl von Praktika in verschiedenen Bereichen bietet hierbei eine grundlegende Hilfestellung. Darüber hinaus werden innerhalb der Schule ganzjährig diverse Projekte, wie zum Beispiel Wäschepflege oder der Besorgungsdienst angeboten, die den Bedingungen wie sie in der realen Arbeits- und Berufswelt vorhanden sind, weitestgehend entsprechen sollen. Schon während der Orientierungsphase erwerben die Schüler durch die Praktika und die Arbeit im Projekt sowohl berufsrelevante Schlüsselqualifikationen als auch spezielle Kenntnisse und Fertigkeiten auf dem jeweiligen Gebiet. Den letzten Schritt bildet schließlich die Eingliederung in den ausgewählten Beruf. Begleitende Gespräche mit dem Betreuer und Hospitationen sind von fundamentaler Bedeutung für die erfolgreiche Integration des Jugendlichen in die Berufswelt und werden daher regelmäßig durchgeführt. Ergänzend zur Vorbereitung auf die Berufs- und Arbeitswelt durch Praktika und ganzjährige Projekte werden die Schüler natürlich weiterhin in den Kulturtechniken

Mathematik und Deutsch unterrichtet und müssen auch an verschiedenen Unterrichtsvorhaben verbindlich teilnehmen.

## 2.4 Pädagogische Zielsetzung und Leistungsangebot der Einrichtung

Primär zielt die pädagogische Arbeit der Mitarbeiter dieser Einrichtung darauf ab, die Schüler durch die Bereitstellung individueller Angebote und die Anwendung verschiedener Methoden in ihrer persönlichen Entwicklung voranzubringen, um sie damit zu einem weitestgehend selbstständigen, selbstbestimmten und eigenverantwortlichen Leben in der Gesellschaft zu befähigen. Aus diesem Grund wird neben der Förderung der Wahrnehmung, der Bewegung, des Denkens und Lernens besonderer Wert auf die Bereiche Selbstversorgung, Persönlichkeit, Kommunikation und soziale Beziehungen gelegt. Die Begegnung mit der Um- und Sachwelt soll die Schüler in die Lage versetzen, selbst Erfahrungen zu machen sowie Zusammenhänge zwischen der dinglichen und sozialen Welt zu begreifen, um sie auf andere Situationen entsprechend übertragen zu können. Um an der Gesellschaft jedoch teilhaben zu können beziehungsweise integriert zu werden, bedarf es zunächst einer Kontaktaufnahme mit deren Mitgliedern. Demzufolge wird dem Bereich Kommunikation in dieser Einrichtung große Bedeutung zugemessen, denn diese stellt, gleich ob in verbaler oder nonverbaler Form ausgeführt, das Fundament jeder sozialen Beziehung dar. ‚Integration durch Kommunikation' ist daher der Leitgedanke, der als Grundlage aller pädagogischen Arbeit an dieser Einrichtung gesehen und folglich praktiziert wird. Im Rahmen von verschiedenen Kooperationsmodellen wird dem Integrationsgedanken Rechnung getragen. So sind beispielsweise zwei SVE-Gruppen im Evangelischen Regelkindergarten Musterstadt untergebracht und auch in der Hauptschulstufe wird den Schülern die Möglichkeit geboten eine Außenklasse zu besuchen. Desweiteren wird versucht die Kommunikation schulintern und -extern aufrechtzuerhalten und zu fördern, indem sich Schüler in diversen Arbeitsgemeinschaften, wie der AG Öffentlichkeit, engagieren und in Zusammenarbeit mit anderen Einrichtungen Kurse für alle Interessierten, die nicht Mitglieder dieser Einrichtung sind, anbieten. Zum wiederholten Male wurde zum Beispiel der Kurs zum Bau von „Zauberhafen" in Kooperation mit Prof. Dr. Mustermann von der Universität

Musterstadt mit großem Erfolg durchgeführt. Andere regelmäßig durchgeführte Aktionen sind das Adventssingen auf dem Weihnachtsmarkt, das Frühlingssingen in Krankenhäusern und Altenheimen als auch der jeden Herbst stattfindende Flohmarkt. Ergänzend zu der breiten Palette an Unterrichtsangeboten und –methoden, bietet diese Einrichtung unterschiedliche Gestaltungsmöglichkeiten für die Freizeit am Nachmittag an. Heilpädagogisches Reiten, eine Fußballgruppe oder Seidenmalerei sind nur einige von den zahlreichen Angeboten aus denen die Kinder und Jugendlichen wählen können. Schüler, die spezielle Förderung in gewissen Bereichen benötigen, können die dafür vorgesehenen Therapieangebote in Anspruch nehmen. Motopädie, Logopädie, Ergotherapie oder Krankengymnastik sind nur einige, die in diesem Zusammenhang erwähnt werden sollen.

## 3 Beobachtungen, eigenes Handeln und Reflexion

Meine Tätigkeit in dieser integrierten Tagesstätte umfasste primär die Betreuung von Kindern im Alter von 9 bis 16 Jahren. Ich wurde häufig zur Unterstützung einzelner Schüler eingesetzt, die Hilfe in bestimmten Situationen benötigten. So half ich beim Anziehen, begleitete ausgewählte Schüler zum Einkauf oder zur Toilette, gab Hilfestellung beim Essen und überwachte die Einhaltung der beim Mittagstisch geltenden Regeln. Darüber hinaus habe ich in der Nachmittagsbetreuung Kindern beim Basteln und bei der Seidenmalerei geholfen und diverse Spiele mit ihnen durchgeführt. Während meiner Praktikumszeit wurde gerade das Land Bayern (Land und Leute) thematisiert und im Rahmen eines Projektes durchgeführt. In diesem Zusammenhang bekam ich kleinere Aufgaben übertragen, wie zum Beispiel die Organisation und Durchführung einer Filmvorführung. Auch bei der AG Hauswirtschaft stand ich den Schülern mit Rat und Tat zur Seite. Bei einem Kegelturnier der Hauptschulstufe war ich für die Betreuung einer Gruppe zuständig. Die Einhaltung der Regeln, das Schlichten von Streits sowie das regelmäßige Anfeuern und Motivieren der Gruppe gehörten hier zu meinen wesentlichen Aufgaben. In den verschiedenen Sport-AGs wurde ich je nach Bedarf für die Einzelbetreuung schwieriger Schüler eingesetzt. Auch bei einer Theatervorführung und der anschließenden

Gesprächsrunde war ich für das Wohlergehen der mir zugeteilten Schüler zuständig. Mit Schülern, die aufgrund von Verhaltensauffälligkeiten nicht an Gruppenveranstaltungen teilnehmen durften, habe ich mich weitestgehend alleine beschäftigt. Gemeinsame Spiele, Spaziergänge und Gespräche standen hier an der Tagesordnung. Zusammenfassend, habe ich in dieser Einrichtung vorrangig die mir anvertrauten Schüler betreut und mich mit ihnen in vielfältiger Art und Weise nach eigenem Ermessen oder nach Vorgabe der Mitarbeiter beschäftigt.

## 3.1 Vorstellung ausgewählter Schüler

Zunächst möchte ich überblicksartig einige der Schüler vorstellen, mit denen ich mich während meiner Praktikumszeit näher beschäftigt habe, um im Anschluss daran, einige mit ihnen erlebte Situationen und durchgeführte Handlungen zu beschreiben und letztlich zu reflektieren.

Die Art der geistigen Behinderung ist bei allen hier vorgestellten Personen unterschiedlich. Die Mehrzahl der Schüler stammt aus geordneten Familienverhältnissen. Aus schwierigen sozialen Verhältnissen kommt ein Kind. Sowohl das Leistungsniveau als auch das Sozialverhalten der einzelnen Schüler ist sehr heterogen. Außer einem Schüler können sich alle sprachlich mehr oder minder verständlich ausdrücken. Auch die Motorik ist bei den meisten gut ausgeprägt.

J., vierzehn Jahre, hat das Down-Syndrom. Er verfügt über eine gute Wahrnehmungsfähigkeit, hat jedoch Probleme mit der Feinmotorik und eine undeutliche Artikulation. An Angeboten ist er interessiert, bringt sich aber selbst kaum ein und schweift gedanklich oft ab. Nichtsdestotrotz weist er bei Aufgabenstellungen, die ihm Freude machen, eine relativ ausdauernde Arbeitshaltung auf. J. ist sehr zurückhaltend und schüchtern. Innerhalb der Gruppe orientiert er sich stark an den anderen Jugendlichen. Weil Veränderungen ihm Angst bereiten, reagiert er auf diese mit autoaggressivem Verhalten. Sein Interesse gilt besonders Zügen verschiedener Art und Ausführung, von denen er regelmäßig mit Begeisterung erzählt.

Bei T. wurde im Alter von fünf Jahren Autismus diagnostiziert. Heute ist er zwölf Jahre alt und motorisch altersentsprechend entwickelt. Er zeigt eine gute

Wahrnehmungsfähigkeit, fühlt sich jedoch von den Anforderungen, die an ihn gestellt werden, oft überfordert und reagiert dann mit hysterischem Schreien und Weinen. Interesse zeigt er nur für Inhalte seinen Leistungsbereich betreffend.

Der fünfzehnjährige S., dessen Behinderung unbekannt ist, stammt aus schwierigen sozialen Verhältnissen. Trotz guter Wahrnehmungsfähigkeit zeigt er oft eine hohe motorische Unruhe. Aufgrund seiner Zweisprachigkeit kombiniert S. in der Kommunikation mit seinen Mitschülern und Lehrern häufig beide Sprachen miteinander, was ab und an zu Verwirrung und Missverständnissen führt. Erschwerend kommt hinzu, dass seine Sprache durch Dysgrammatismus geprägt ist. Sein Lern- und Arbeitsverhalten ist sehr unterschiedlich. Aufgabenstellungen, an denen S. interessiert ist, erledigt er mit Begeisterung, wohingegen er sich auf Inhalte, die ihm keine Freude bereiten, nur schwer konzentrieren kann. Innerhalb der Gruppe hat S. eine Führungsposition. Seine äußerst geringe Frustrationstoleranz verursacht häufig Auseinandersetzungen mit seinen Mitschülern, die schließlich in Gewalttätigkeiten untereinander enden. Besonderes Interesse zeigt S. an Computerspielen und Musik.

Die vierzehnjährige A. hat einen Mikrozephalus. Die Fähigkeit Situationen, Menschen und Dinge wahrzunehmen, ist bei ihr gut ausgeprägt. A. spricht nicht, versucht aber durch das Lautieren Sprache nachzuahmen. In Ihren Bewegungsfähigkeiten ist sie nicht eingeschränkt. Ihr sozial-emotionales Verhalten ist immer abhängig von ihrer Tagesform. An ‚guten' Tagen spielt A. mit ihren Schulkameraden und ist rücksichtsvoll. ‚Schlechte' Tage werden von Angstanfällen und aggressivem Verhalten gegenüber Mitschülern und Lehrern begleitet. A. mag besonders gerne Kuscheltiere und ihre Puppe namens „Baby".

M. ist ein kontaktfreudiges und meist gut gelauntes dreizehnjähriges Mädchen. Aufgrund einer versteiften Muskulatur und der daraus resultierenden eingeschränkten Motorik, ist sie beim Laufen auf einen Gehwagen angewiesen. Desweiteren hat sie einen Augenfehler, der ein starkes Schielen verursacht und somit ihre visuelle Wahrnehmung begrenzt. Ihre Kommunikation besteht vorrangig aus kurzen einfachen Sätzen. M. ist sehr an allen Angeboten interessiert und bringt sich gerne ein. Da ihr Verhalten aber noch oftmals dem eines Kleinkindes entspricht, benötigt sie verstärkt eine individuelle Betreuung. Beispielsweise weint sie zielgerichtet, um ihre Interessen durchzusetzen. In ihrer Freizeit malt und schwimmt sie gerne.

## 3.2 Situationen und Reflexion

Mit der Betreuung des vierzehnjährigen J. wurde ich bereits am ersten Tag meiner Praktikumszeit beauftragt. Die Arbeit mit ihm gestaltete sich zunächst schwierig, da er sich trotz seiner schüchternen und zurückhaltenden Art, mir gegenüber zunächst sehr aggressiv verhielt. Geschuldet war dies hauptsächlich der Tatsache, dass er sich nach wochenlanger Betreuung durch ein und dieselbe Person nun mit einer neuen Betreuerin, in diesem Fall mit mir, auseinandersetzen musste. Diese veränderte Situation verunsicherte J. so stark, dass er sich anfangs überhaupt nicht mit mir einlassen wollte. Eine Kommunikation mit ihm war daher nicht möglich. Aus diesem Grund beschränkte sich meine Aktion in den ersten Stunden unseres Beisammenseins auf die Beobachtung seines Handelns. Während dieser Zeit bemerkte ich, dass sich J. stark für Züge interessierte. Ich griff diesen Fakt auf, um ihm näher zu kommen. Im Freispiel arrangierte ich mit Hilfe anderer Kinder der Gruppe ein Spiel, in dem jeder Teilnehmer einen Zug seiner Wahl darstellen durfte. Anschließend verteilte ich Aufgaben, die jeder ‚Zug' erfüllen musste. J. wurde von mir bewusst nicht ins Spiel mit einbezogen. Angelockt durch das Gelächter der anderen, wurde er jedoch nach kurzer Zeit auf das Geschehen aufmerksam. Anfangs beobachtete er das Szenarium aus sicherer Distanz. In dieser Zeit versuchte ich, ihn so weit wie möglich zu ignorieren, um ihn nicht unter Druck zu setzen, denn immer wenn ich ihn ansah, wich er meinem Blick aus und zog sich sofort wieder zurück.

Innerhalb des Spiels ergab sich allerdings eine Situation, die ich zum Anlass nahm, J. doch noch zu integrieren und in Kommunikation mit ihm zu treten. Einige der Kinder unterbreiteten mir den Vorschlag einen langen Zug zu bilden und anschließend durch die Räume zu ziehen. Auch J. hörte dies und man sah ihm seine Aufregung und Begeisterung förmlich an. Nach vorheriger Absprache mit den verantwortlichen Mitarbeitern erklärte ich den Kindern, dass wir eine Lok bräuchten, um den Zug anzuführen. Daraufhin fragte ich in die Runde, wer diese Aufgabe übernehmen wollte.

Es meldeten sich mehrere Kinder, unter anderem auch J., der nun näher herangerückt war. Ich wählte J. für diese Aufgabe aus. Da die anderen Kinder verständlicherweise traurig beziehungsweise ärgerlich darüber waren, nicht ausgewählt worden zu sein, erklärte ich ihnen warum ich mich für J. entschieden habe. Gerade die Tatsache, dass ich ihn für diese Aufgabe auserwählt hatte, obwohl er sich zuvor weigerte in Kommunikation mit mir zu treten, schien ihn erstaunt zu haben, denn plötzlich ging er auf mich zu, nahm meine Hand und begann mir von seinen Zügen daheim zu erzählen. In der darauffolgenden Zeit konnte ich zu J. ein gutes Verhältnis aufbauen. Ich war stets bemüht für ihn Angebote zu finden, die seinen Interessen weitestgehend entsprachen, indem ich seine Hobbies oft als Ausgangspunkt anfallender Arbeiten, wie zum Beispiel der Hausaufgaben genommen habe. Direkt konfrontiert mit Anforderungen, die zwar notwendig waren, ihm aber keinen Spaß bereiteten, zog sich J. sofort ablehnend zurück. Ich erkannte, dass man ihn hier nur ohne Druck und auf Umwegen durch spielerische Art und Weise zu einer Aufgabe animieren konnte. Nach dieser Erkenntnis gestaltete sich die Tätigkeit mit ihm zunehmend einfacher. Routineaufgaben, wie zum Beispiel das Abräumen des Mittagstisches stellten nun kein Problem mehr da.

Häufig habe ich während meiner Praktikumszeit erleben müssen, dass sich die Mitarbeiter nicht genügend Zeit nehmen, um auf die individuellen Aspekte der Kinder und Jugendlichen angemessen einzugehen. Personalmangel, persönliche Überforderung aber auch mangelndes Verständnis und fehlendes Empathievermögen sind meines Erachtens die primären Ursachen, warum es im Alltag verstärkt zu Missverständnissen und unangenehmen Situationen zwischen den Kindern und Mitarbeitern kommt.

Die genaue Beobachtung von Personen und Situationen, wie ich es im Fall J. getan habe, stellt für mich das Fundament dar, auf dem anschließende Maßnahmen aufbauen sollten. Eine auf Vertrauen und Emotionen basierende Beziehung zwischen dem Kind und dem Mitarbeiter bildet hierbei die Grundlage für eine erfolgreiche Kommunikation. Erzieher sollten sich immer bewusst machen, dass erlebte Ereignisse und gemachte Erfahrungen im Leben eines Kindes dessen Entwicklung und Handeln stets positiv als auch negativ beeinflussen. Ein Kennen der Lebensgeschichte jedes

Kindes wäre demnach klar von Vorteil, was jedoch oftmals aufgrund von mangelnder Kommunikation und Gesprächsbereitschaft seitens der Eltern, kaum möglich ist. Erschwerend kommt hinzu, dass einige Eltern mit der Situation, ein behindertes Kind zu haben, überfordert sind und folglich jeder Konfrontation mit diesem Thema aus dem Weg gehen. Doch das führt letztlich zu Unstimmigkeiten über die erzieherische Vorgehensweise in bestimmten Situationen. Wenn Eltern und Mitarbeiter ähnliche Situationen mit dem Kind unterschiedlich handhaben, wirkt sich das nicht nur negativ auf den zu Erziehenden aus. Ein gemeinsamer Konsens über die erzieherische Praxis sollte deshalb angestrebt werden.

Im Fall des zwölfjährigen T. zeigt sich deutlich, welche dramatischen Folgen eine Fehleinschätzung eines Erziehers haben kann und wie wichtig es daher ist, uns Zeit zu nehmen, um die uns anvertrauten Kinder richtig kennenlernen zu können und dementsprechend einzuschätzen. Wie bereits erwähnt, wurde ich während eines Kegelturniers mit der Betreuung einer Gruppe beauftragt. In dieser befand sich auch der autistische T. Obwohl hinreichend bekannt war, dass er immense Schwierigkeiten damit hatte zu verlieren und ihm Lärm jeglicher Art Schwierigkeiten bereitete, ließ man ihn am Kegelturnier teilnehmen. Zunächst freute er sich wie die anderen auf das Turnier und war hoch motiviert zu gewinnen. Nach den ersten Kegelversuchen stellte sich bei ihm jedoch eine zunehmende Nervosität ein. Das kam zum einen durch seine misslingenden Versuche beim Kegeln, die ihn immer wütender machten, zum anderen aber durch die stetig lauter werdenden Gruppen in der Turnhalle, wo dieses Turnier stattfand. Alle diese Bedingungen überforderten T. dermaßen, dass er schließlich hysterisch zu schreien und weinen begann, sich auf den Boden schmiss und uns Betreuer mit Händen und Füßen attackierte. Doch anstatt ihn an einen ruhigen Ort zu bringen, damit er sich beruhigen hätte könne, ließ man ihn auf der Bank Platz nehmen und strafte ihn mit Nichtbeachtung. Hier muss ich ganz kritisch zu bedenken geben, dass solch ein Zusammenbruch aller Wahrscheinlichkeit nach nicht passiert wäre, wenn sich die Verantwortlichen vorher genau Gedanken über die bevorstehende Situation mit all ihren möglichen Bedingungen gemacht hätten.

Warum lässt man es zu, dass ein Junge von dem man weiß, dass er aufgrund von Autismus Lärm sehr schwer ertragen kann, einem solchen Geschehen ausgesetzt wird? Personalmangel für die Einzelbetreuung und die Überforderung der Mitarbeiter im Vorfeld des Turniers durch den erhöhten Vorbereitungs- und Arbeitsaufwand spielten in diesem Zusammenhang die entscheidende Rolle. Je komplexer eine Situation ist, desto wichtiger erscheint mir die Notwendigkeit des vorausschauenden Denkens. Diese Fähigkeit, als Basis, um Situationen vorweg nehmen zu können, wäre im Fall von T. sicherlich angebracht gewesen. Erst wenn ein bevorstehendes Geschehen auf seine unterschiedlichen Faktoren hin untersucht wird, wie beispielsweise die Rahmenbedingungen, können mögliche, der Erziehung und des Wohlbefinden nicht dienliche Aspekte, im Vorfeld minimiert oder sogar ausgeschlossen werden. Gerade durch die Schnelllebigkeit in unserer Gesellschaft wird der Zeitfaktor als ein zunehmendes Problem gesehen. Erziehung wird heutzutage häufig gleichgesetzt mit Funktionieren. Auch während meiner Praktikumszeit ist mir dieser Aspekt negativ aufgefallen. Der aus schwierigen Verhältnissen stammende fünfzehnjährige S. und die vierzehnjährige A. sind zwei Beispiele, die zeigen sollen wie die Erziehung in der Praxis umgesetzt wird, wenn wenig Zeit vorhanden ist.

Bei beiden ist das aggressive Verhalten stark unterschiedlich ausgeprägt. Während S. regelmäßig andere Kinder und die Mitarbeiter attackiert, ist dies bei A. abhängig von ihrer jeweiligen Tagesform. Obwohl Ursachen als auch Ausbrüche des aggressiven Verhaltens bei beiden Kindern sehr verschieden waren, reagierten die jeweiligen Betreuer erstaunlicherweise homogen darauf. In diesem Fall wurden S. und A. auf eine Bank vor der Tür platziert, bis sie sich wieder beruhigt hatten. Für eine Analyse und ein klärendes Gespräch nach dem Wutanfall war oftmals keine Zeit vorhanden.

Wenn Kinder nicht gleich so agieren beziehungsweise reagieren, wie Erzieher es erwarten, müssen sie häufig mit negativen Sanktionen rechnen. Diese können unter anderem Nichtbeachtung, Ausschluss aus Arbeitsgemeinschaften oder die Übernahme zusätzlicher Arbeiten sein.

Doch können sich Kinder durch diese Erziehungspraxis zu selbstbewussten und verantwortungsvollen Personen entwickeln? Meiner Ansicht nach nicht. Erziehung von Kindern und Jugendlichen ist keine Frage von Zeit haben wie es heutzutage vielfach dargestellt wird, sondern eine Frage von Zeit nehmen. Geduld, Vertrauen und Einfühlungsvermögen sind wichtige Komponenten, die bei einer Erziehung nicht fehlen dürfen. Statt Heranwachsende in starre Erziehungsmuster zu quetschen, sollte man flexibel auf ihre vorhandenen meist unterschiedlichen Bedingungen eingehen, um eine möglichst individuell angepasste Erziehung zu ermöglichen. Im schulischen und außerschulischen Bereich kann das durch bessere Absprachen untereinander und eine optimierte Organisation realisiert werden.

## 4 Schlussbemerkung

Durch das absolvierte Praktikum habe ich erste wichtige Erfahrungen in der pädagogischen Arbeit sammeln können. Die Entwicklungszeit vom Kind zum Jugendlichen ist geprägt von vielen verschiedenen Facetten, denen in unterschiedlicher Art und Weise begegnet werden muss. Die dafür eingesetzten Erziehungsmittel sollten individuell, auf die jeweilige Person angepasst, angewendet werden. Die Einblicke, die ich in der Praxis erhalten habe, zeigten mir eindeutig, wie wichtig es ist, den Kindern und Jugendlichen Zeit zu geben, um sich persönlich entfalten und weiter entwickeln zu können. Viele der negativ erlebten Situationen hätten meines Erachtens vermieden werden können, wenn die Erzieher mehr Geduld mit den zu Erziehenden gehabt hätten. Auch wenn ich das Vorgehen mancher Erzieher aufgrund des massiven Zeitmangels durch fehlendes Personal verstehe, kann ich es jedoch nicht tolerieren. Mehr kommunikative Zusammenarbeit würde das Problem zwar nicht schlagartig lösen, aber manche angespannte Situation könnte dadurch weitgehend vermieden werden.

Nichtsdestotrotz habe ich in dieser Einrichtung viele wunderbare Erlebnisse machen dürfen, die mir geholfen habe, schwierige Sachverhalte besser verstehen zu können. Ich habe gelernt, mein eigenes Handeln kritisch zu hinterfragen und auf seine Anwendbarkeit hin zu überprüfen. Durch die Erfahrungen, die ich in der Arbeit mit geistig behinderten Kindern und Jugendlichen sammeln durfte, bin ich zur Erkenntnis gekommen, dass man jeder Person, unabhängig davon, ob er eine Behinderung aufweist oder nicht, unvoreingenommen gegenüber treten sollte. Da jeder Mensch auf einen anderen unterschiedlich reagiert, sollte man nie bereits vorhandene Meinungen diese Person betreffend unreflektiert übernehmen. Sinnvolle Erziehung mit dem Ziel dem Kind oder Jugendlichen zu einem weitestgehend selbstständigen, selbstbestimmten und eigenverantwortlichen Leben zu führen, ist daher meines Erachtens nur durch Denken und Handeln unter dem Ausschluss von Vorurteilen möglich.

# 5 Literaturverzeichnis

**Franziskus-Schule der Lebenshilfe e.V. Schweinfurt** (2010). Verfügbar unter: http://www.franziskus-schule-schweinfurt.de/, 24.03.2010

**Lebenshilfe Berlin** (2010). Verfügbar unter:
http://www.lebenshilfe-berlin.de/fileadmin/user_upload/Downloads/04_Angebote_Bildung/Allgemein/Lebenshilfe_Grundsatzprogramm.pdf, 24.03.2010